Este livro é dedicado a todos os nossos amigos, familiares e membros da comunidade dos quais sentiremos muita falta. Somos eternamente gratos aos nossos trabalhadores essenciais que foram incrivelmente corajosos e ajudaram a todos, em todos os lugares.

Copyright © 2020 by The ABC Club.org

Todos os direitos reservados. Nenhuma parte deste livro pode ser reproduzida de qualquer forma sem a permissão do editor, exceto conforme permitido pela lei de direitos autorais dos EUA.

The ABC Club
Herschler Building East, Suite 101
122 West 125th Street
Cheyenne
WY 82002-0020

ISBN: 9781735254913

Library of Congress Control Number: 2020912046

Primeira impressão, 2020

www.theabcclub.org

Quero ver meus amigos!

Aprendendo sobre o distanciamento social

Mamãe disse que eu não vou para escola hoje, nem pelo resto da semana. Eu durmo até tarde.

Mamãe e eu vamos para o mercado. Eu ouço o barulho de ambulâncias. Passamos pelo parquinho, mas não tem ninguém lá.

Não tem ninguém em lugar algum. Cadê todo mundo?

Nós chegamos ao mercado, mas não tem quase nada.
Minha barriga ronca.

Conseguimos comprar algumas coisas.

Mamãe fica no computador o dia todo. Ela não pode brincar comigo. Ela diz que ela tem muita sorte que consegue trabalhar de casa. Meu pai não consegue. Ele vai ao hospital todo dia.

O papai está em casa hoje! Ele tenta brincar comigo, mas é interrompido sempre. A voz dele treme quando ele lê muitos números e fala no telefone com seus pacientes.

Papai diz que eu posso assistir TV. Eu assisto por três horas inteiras! Eu faço a mesma coisa no dia seguinte. E no dia seguinte, de novo. Meus olhos estão doídos demais para assistir mais.

Olho para fora da janela. Ainda não tem ninguém lá fora. Ninguém mesmo. Eu ouço sirenes da ambulância de novo e tapo minhas orelhas. Só consigo ver luzes vermelhas piscando.

A ambulância parou na casa da minha vizinha Heloise. Eu amo a Heloise. Ela me da limonada e biscoito.

A gente ouve aos CDs de opera dela. Eu espero que ela esteja bem. Espero poder visitá-la de novo.

Eu te prometo que, quando tudo ficar mais seguro, a vovó vai te abraçar por horas. Você vai brincar com seus amigos de novo. Mas, por agora, o quanto mais ficarmos distantes, o mais a gente ajuda os outros a ficarem saudáveis.

Os médicos não sabem. Eles acham que animais selvagens já tinham o vírus, e as pessoas pegaram deles.

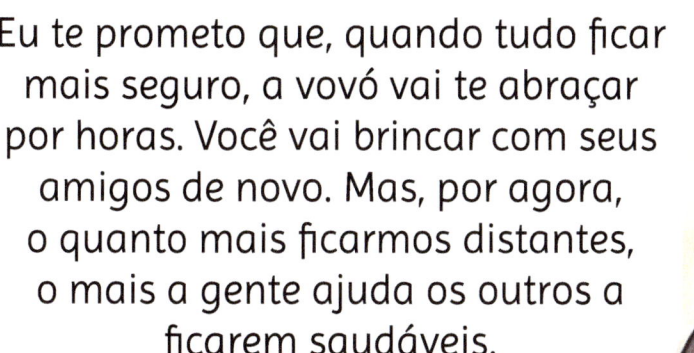

Mamãe diz que a melhor maneira de ajudar é ficar em casa.

O vírus não mata a maioria das pessoas. A gente fica em casa para não pegarmos e transmitirmos para outras pessoas.

Algumas pessoas podem estar com o vírus e não mostrar sintomas por dias.

Tem um vírus circulando que está deixando algumas pessoas muito doentes. Algumas pessoas ficam tão doentes que morrem.

Eu vou ficar doente? Eu vou morrer, mamãe?

Mamãe me explica que todo mundo está ficando em casa porque tem um vírus que está deixando as pessoas doentes. Se sairmos de casa, nós podemos ficar doentes e transmitir a doença para outros também.

Há outras maneiras que eu possa ajudar também. Eu posso ajudar a mamãe a fazer um bolo.

Posso ajudar o papai a arrumar a casa, e eu posso mandar um e-mail para a Heloise expressando o quanto eu a amo.

Todo dia, eu faço algo de novo. Eu canto. Eu leio. Eu planto.

Lista de gratidão

1. Eu, papai, e mamãe estamos saudáveis.
2. Eu posso passar mais tempo com a mamãe e o papai.
3. Eu tenho comida gostosa para comer.
4. Minha casa é quentinha e nos protege.
5. Eu posso dormir até mais tarde e assistir muita TV.
6. Sou grata pelos meus amigos e família.

A vovó e eu fazemos uma lista de todas as coisas que temos a agradecer. Ela diz que não tem problema ficar triste, mas para sempre lembrar de todas as coisas e pessoas pelos quais eu sou grata. Quando entendo que isso é um momento triste, mas que eu também tenho muitas coisas a ser grata, eu fico mais feliz.

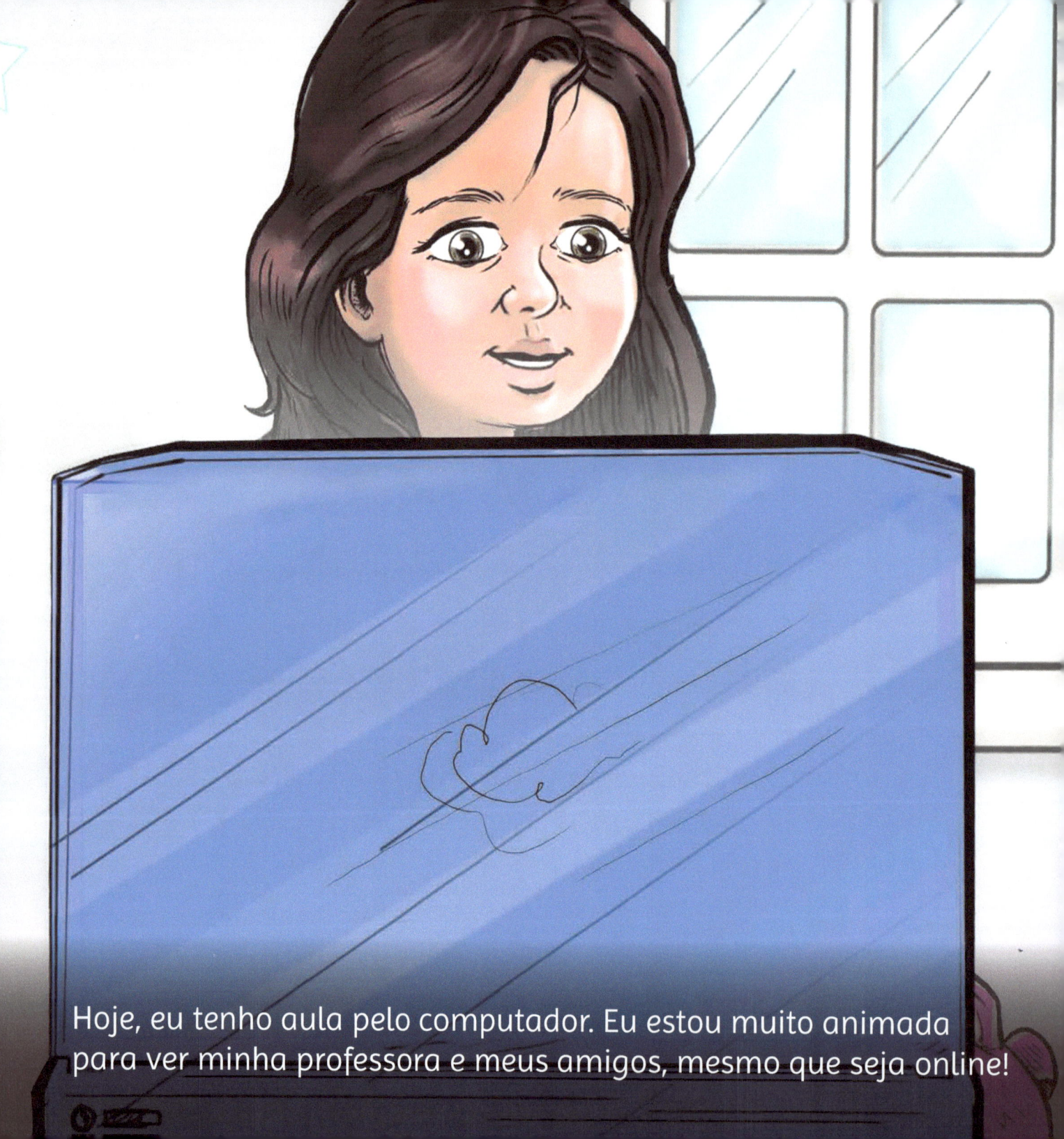

Miguel pergunta para a professora: "Por que que a escola é assim agora?"

A professora explica que nós não somos a única turma que tem aula pelo computador.

Está tão vazio e quieto em alguns lugares que os animais voltaram para as cidades.

Meninos e meninas, essas são fotos de ruas vazias em outras cidades pelo mundo. Em todo lugar, as pessoas estão ficando em casa. Nos não estamos sozinhos nisso.

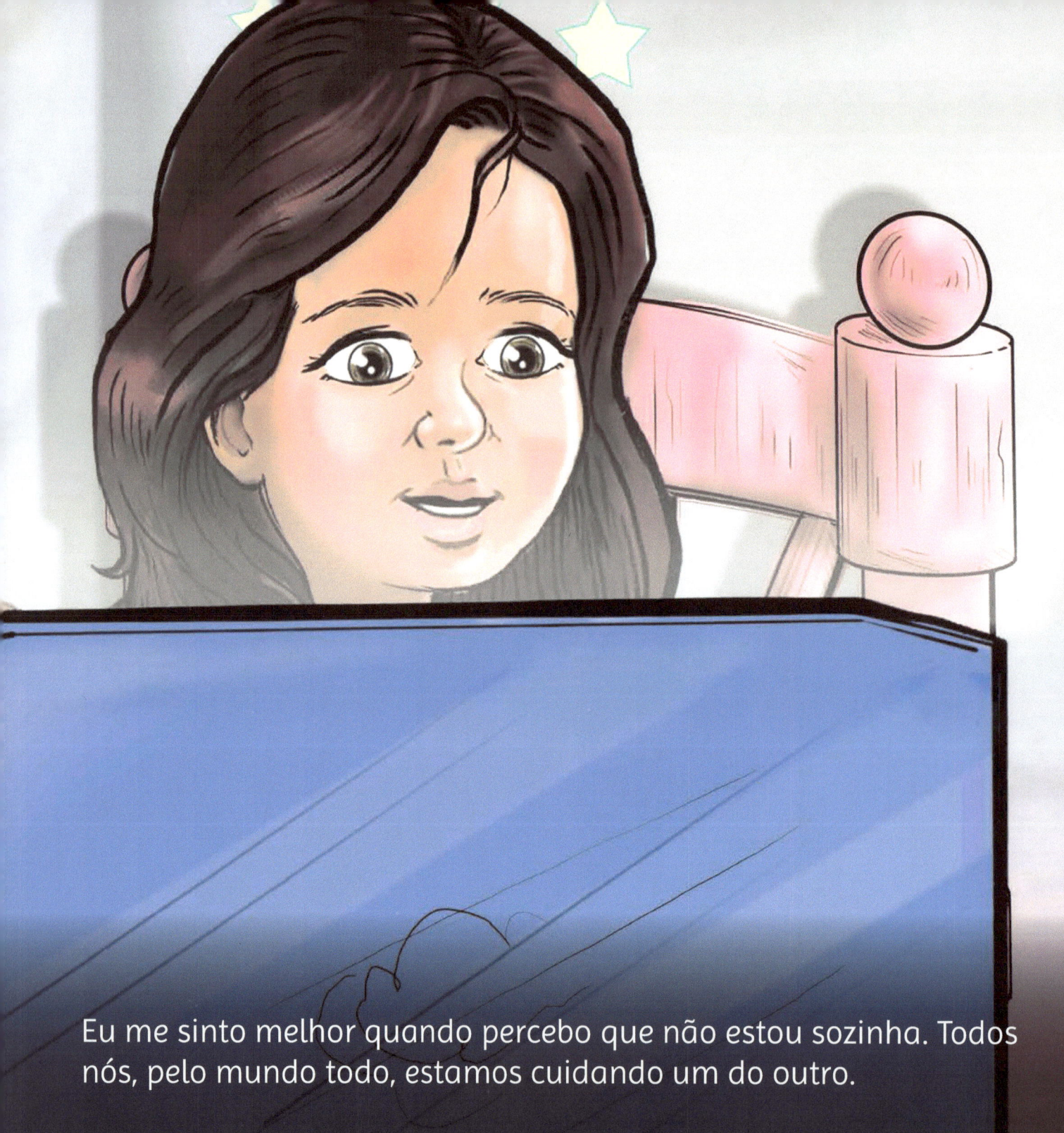

Eu me sinto melhor quando percebo que não estou sozinha. Todos nós, pelo mundo todo, estamos cuidando um do outro.

Papai, eu e a mamãe vamos andar no parque. Minha professora está certa, tem muitos mais passarinhos cantando hoje. Nós vemos outras famílias pela primeira vez em meses.

Eu estou feliz que mesmo tendo que ficar longe para cuidar uns dos outros, nós não estamos sozinhos. Estamos todos juntos.

www.ingramcontent.com/pod-product-compliance
Lightning Source LLC
LaVergne TN
LVHW071027070426
835507LV00002B/57